अस्तित्व का आईना

स्वयं का आँकलन और तलाश भाग - १

माधवी चौधरी

यह पुस्तक मेरे पिता बासुदेव चौधरी को समर्पित है, जिनके आशीर्वाद और मार्गदर्शन ने जीवन के सत्य के प्रति मेरी समझ को आकार दिया। इस पुस्तक के हर शब्द में मैं अपने जीवन के आँकलन और तलाश को व्यक्त करती हूँ, जो मेरे पिता के द्वारा सिखाए गए मूल्यों और सिद्धांतों पर आधारित है।

क्रम-सूची

प्रस्तावना

"अस्तित्व का आईना" केवल कविताओं का संग्रह नहीं, बल्कि जीवन की उन अनकही कहानियों का दस्तावेज़ है, जो हर किसी के दिल में कहीं न कहीं छुपी होती हैं। यह पुस्तक पाठकों को उनके अंदर झाँकने और अपने जीवन के विभिन्न पहलुओं को समझने का एक अनोखा अवसर प्रदान करती है।

यह संग्रह जीवन के हर रंग को छूता है–आशा और निराशा, संघर्ष और विजय, प्रेम और वियोग, और आत्म-खोज की जटिल यात्रा। कविताएँ गहरी संवेदनाओं और सच्चाई से प्रेरित हैं, जो पाठकों के दिलों को छूने और उन्हें सोचने पर मजबूर करती हैं।

"अस्तित्व का आईना" एक दर्पण है, जिसमें पाठक अपने अस्तित्व, इच्छाओं, और जीवन के संघर्षों को देख सकते हैं। यह पुस्तक न केवल कविताओं के माध्यम से भावनाओं को व्यक्त करती है, बल्कि आत्मचिंतन और प्रेरणा का माध्यम भी बनती है।

यदि आप अपने जीवन को नए दृष्टिकोण से देखना चाहते हैं, तो "अस्तित्व का आईना" आपको अपने जीवन पर एक नया प्रकाश डालने का अवसर देगा। यह संग्रह उन पाठकों के लिए है, जो जीवन की गहराइयों को महसूस करना और समझना चाहते हैं।

पावती (स्वीकृति)

मैं इस पुस्तक के प्रकाशन के अवसर पर कुछ महत्वपूर्ण व्यक्तियों का दिल से आभार व्यक्त करना चाहती हूँ।

सबसे पहले, मेरे पति ज्ञान प्रकाश का आभार, जिन्होंने हमेशा मेरे लेखन को प्रोत्साहित किया और मेरे सपनों को साकार करने के लिए मुझे हिम्मत दी। मेरी दोस्त मोना भंडेरिया का भी मैं आभार व्यक्त करती हूँ, जिनके निरंतर उत्साहवर्धन ने मुझे हमेशा अपने काम को आगे और इस पुस्तक को प्रकाशित करने के लिए प्रेरणा दी।

यह किताब उन सभी क्षणों, यादों और व्यक्तियों को समर्पित है जिन्होंने मेरी रचनात्मकता को प्रोत्साहन दिया और मुझे अपनी आवाज़ सुनाने का साहस दिया। मैं इस पुस्तक को अपने प्रियजनों, परिवार और पाठकों के नाम समर्पित करती हूँ, जिनकी प्रेरणा से यह यात्रा पूरी हो सकी।

- माधवी चौधरी

1. खामोश आवाज़

हाथरस की घटना ने पूरे देश को झकझोर कर रख दिया था। एक दलित लड़की के साथ हुए निर्मम अत्याचार और उसके बाद हुई न्याय व्यवस्था की विफलता ने मेरे मन में गहरी पीड़ा और आक्रोश उत्पन्न किया। यह केवल एक घटना नहीं थी, बल्कि हमारे समाज की उन गहरी समस्याओं को उजागर करती है, जो अन्याय और भेदभाव को बढ़ावा देती हैं।

इस घटना ने मुझे मजबूर किया कि मैं अपने अंदर की इस पीड़ा और गुस्से को शब्दों के माध्यम से व्यक्त करूं। मैंने यह कविता उन आवाज़ों को समर्पित की है, जिन्हें बार-बार दबाया गया है और उन महिलाओं को श्रद्धांजलि देने के लिए लिखी है, जो न्याय के लिए लड़ते-लड़ते खामोश हो गईं। यह कविता न केवल एक घटना की प्रतिक्रिया है, बल्कि उन सभी पीड़िताओं के लिए एक आवाज़ है, जिनकी कहानियां अक्सर अनसुनी रह जाती हैं।

❧❧

जब तक ख़बरों में है मेरी व्यथा
मैं मुद्दा हूँ सियासी गलियारों की।
वक़्त बीतेगा,
और भूला दी जाऊँगी बहती बयारों सी।
रजिस्टर में बस आँकड़े बन कर जो दब गई,
वो खामोश आवाज़ हूँ।
सच मैं कहाँ इंसान हूँ।
कभी परंपराओं की भेंट चढ़ी
कभी धरम और जात-पात की।
हमेशा बेवजह सज़ा भुगती है मैंने

कभी तुम्हारे अहंकार, कभी तुम्हारे अपमान की।
मर्यादा के नाम पर चढ़ने वाली बली,
वो रिवाज़ हूँ।
सच मैं कहाँ इंसान हूँ।
हर फूहड़ता का सबसे लोकप्रिय प्रसंग
मेरे ज़िक्र बिना कैसे होगा कोई व्यंग।
कवि सम्मेलनों के चुटकुलो में मेरा होना ज़रूरी है,
मेरी ग़रीमा को चोट न पहुंचाए, शायद, वो छंद अधूरी है।
तुम्हारी अभद्रता, तुम्हारे अपशब्दों को
गौरवान्वित करने वाले अल्फ़ाज़ हूँ।
सच मैं कहाँ इंसान हूँ।
पर सब कहते हैं की वक़्त बदल रहा है
फिर मुझे वो बदलाव क्यूँ नहीं दिखता?
नाम बदलते हैं, चेहरे बदलते हैं,
बस वो वाक़या नहीं बदलता।
कभी निर्भया, कभी हाथरस
बार बार दोहराई जाने वाली वो भयानक रात हूँ।
सच मैं कहाँ इंसान हूँ।

2. आत्मसम्मान

यह कविता मैंने तब लिखी, जब मैंने स्वयं जातीय भेदभाव का सामना किया। इस अनुभव ने मुझे अंदर तक झकझोर दिया और समाज में गहराई से जमी इस समस्या को समझने का अवसर दिया। जातिगत भेदभाव न केवल व्यक्ति की गरिमा को ठेस पहुंचाता है, बल्कि उसके सपनों, आत्मसम्मान और अस्तित्व पर भी प्रश्नचिह्न लगाता है।

यह कविता मेरे उन अनुभवों और भावनाओं का प्रतिबिंब है, जो इस भेदभाव को सहते हुए उभरे। यह केवल मेरी कहानी नहीं है, बल्कि उन सभी लोगों की आवाज़ है, जो इस अन्याय का शिकार होते रहे हैं। यह कविता एक प्रश्न है, एक आह्वान है और एक संकल्प है कि समानता और सम्मान का अधिकार हर किसी को मिलना चाहिए।

❦❦❦

ज़िल्लत और अपमान से भरी एक दास्ताँ,
नया कुछ भी नहीं है इसमें बयां करने को।
सदियों से चले आ रहे हैं ये नियम कानून
बदलना क्यूँ है इन्हें?
कुछ भी तो नहीं है इस पर चर्चा करने को।
वो नौ साल का बच्चा
घड़े से पानी पीने की सोच भी कैसे सकता है?
खेत में ज़बरन घुस कर बच्ची की इज़्ज़त लूटेंगे
आखिर, उसका भाई ताव में अकड़ कैसे सकता है?
हिम्मत कैसे हुई उसकी
अपनी बारात में घोड़ी चढ़ने की?
कैसे कोई दलित हमारे साथ

बैठ कर भोजन कर सकता है?
और गाँव तो छोड़िए
शहरों को भी बदलने नहीं देंगे।
बनती हो कोई दलित आदिवासी महिला
देश की राष्ट्रपति तो क्या?
हम उसे अपने घर की बहु कभी नहीं बनने देंगे।
पीट पीट कर जान ले लेंगे
नहीं तो कर देंगे मजबूर इन्हें करने को आत्महत्या।
आरक्षण दे तो दिया है,
समाज में इन्हें अब सम्मान भी चाहिए क्या?
ये अत्याचार है, शोषण है, पाप है
जो दिख सबको रहा है, फिर भी सब मौन हैं।
जो जैसा चल रहा है, चलने दो
इसपर प्रश्न उठाने वाला कौन है?
वो जो धरम और संस्कृति के ठेकेदार हैं,
या वो, जो आज भी
जाती से संबोधित किए जाने वाले चमार हैं।
"तुम अछूत हो" ये शब्द कानों में चुभते हैं,
कुछ घटनाएँ हैं जो मन को विचलित करते हैं,
आत्मा धिक्कारती है जब भी कोई अपशब्द सुनते हैं,
पर क्या करें?
इसलिए चुपचाप सारे अपमान सहते हैं।
पर कहीं न कहीं अपने आत्मसम्मान की
चल रही वो लड़ाई जारी है।
बदला बहुत कुछ है,
पर बदलने को अभी भी बहुत कुछ बाकी है।
जानते हैं मुश्किल है मंज़िल जब तक
देश के कानून पर समाज का कानून हावी है।
बदलेगा सब, ऐसी उम्मीद है।

खत्म होगा ये भेदभाव, ऐसा एक ख्वाब है।
और हम भी जी सकेंगे वो ज़िंदगी एक दिन
जिसका हर इंसान हक़दार है।

3. एक हिमाक़त

यह कविता मैंने एक छोटे से प्रयास के रूप में लिखी है, यह सवाल उठाने के लिए कि कैसे राजनैतिकदल हमेशा जनता की आवाज़ को दबाने की कोशिश करते रहे हैं। उनकी सत्ता का अहंकार और अत्याचार हमेशा के लिए नहीं टिक सकता।
यह कविता जनता की उस ताकत का प्रतीक है, जो समय आने पर अन्याय का जवाब देती है। यह उन सवालों की गूंज है, जो बार-बार उठाए जाने चाहिए और उन सच्चाइयों की पुकार है, जिन्हें दबाया नहीं जा सकता। यह मेरी उम्मीद और विश्वास का प्रतीक है कि जनता की आवाज़ कभी खामोश नहीं होगी।

मैं दुनिया बदल दूँ
शायद, मेरे शब्दों में इतनी ताकत नहीं।
पर किसी एक को भी अगर चुभती है मेरी कविता तो,
एक ज़रुरी सामाजिक बदलाव के लिए
ये छोटी सी हिमाक़त ही सही।
मेरे असहमति के स्वर हों
या हों मेरे सवाल।
इन्हे दबाने, कुचलने को
रोज़ होता है तमाशा,
रोज़ मचता है बवाल।
कहीं खुले आम बरसाए जाते हैं डंडे
तो बंद कमरे में होती है सियासत कहीं।
मैं दुनिया बदल दूँ
शायद, मेरे शब्दों में इतनी ताकत नहीं।

पर किसी एक को भी अगर चुभती है मेरी कविता तो,
एक ज़रुरी सामाजिक बदलाव के लिए
ये छोटी सी हिमाक़त ही सही।
रोज़ी-रोटी, हक़ की बातें
है कहाँ समझ आती इनको?
बस तमाशे और झूठे वादे
करने आते हैं जिनको।
पर हम गुलाम नहीं,
न हमारी आवाज़ गिरवी है।
लड़ना हमारा हक़ है,
भले ही हो तुम्हें इससे शिकायत कई।
मैं दुनिया बदल दूँ
शायद, मेरे शब्दों में इतनी ताकत नहीं।
पर किसी एक को भी अगर चुभती है मेरी कविता तो,
एक ज़रुरी सामाजिक बदलाव के लिए
ये छोटी सी हिमाक़त ही सही।
तुम खुश रहो अपनी दुनिया में
लेकर झूठी वाहवाही।
सच बोलने पर भेज दो
चाहे कितने भी सिपाही।
तुम्हें जवाब देने को काफी है
मेरी उंगली की स्याही।
क्यूंकी ये लोकतंत्र है साहब
किसी की विरासत नहीं।
मैं दुनिया बदल दूँ
शायद, मेरे शब्दों में इतनी ताकत नहीं।
पर किसी एक को भी अगर चुभती है मेरी कविता तो,
एक ज़रुरी सामाजिक बदलाव के लिए
ये छोटी सी हिमाक़त ही सही।

4. प्रकृति

यह कविता मैंने अपनी उस हताशा को व्यक्त करने के लिए लिखी है, जो 2019में पटना के जलमग्न होने और इसी तरह अन्य शहरों में बार-बार आने वाली बाढ़ की घटनाओं को देखकर उत्पन्न हुई। यह घटनाएं हमें बार-बार याद दिलाती हैं कि प्रकृति सर्वोच्च है और जब हम इसकी अनदेखी करते हैं, तो हमें इसके प्रकोप का सामना करना पड़ता है।

यह कविता केवल एक चेतावनी नहीं है, बल्कि एक आग्रह है कि हम प्रकृति के साथ सामंजस्य बिठाएं और इसके महत्व को समझें। यदि हम समय रहते नहीं संभले, तो प्रकृति अपने तरीके से हमें उसकी शक्ति का एहसास कराएगी।

❦ ❦ ❦

ये सृष्टि, ये ब्रह्माण्ड देख
पृथ्वी को बनता पाताल देख।
जिसने हमारा सृजन किया
उसका पल-पल होता अपमान देख।
देख।
देख की व्याकुल हो
कैसे धरती रोती है।
हमें पेट भर खाना दे
खुद कैसे प्यासी सोती है।
बंजर होती धरा
इसका घटता शृंगार देख।
कराहती जर्जर होती ज़मीन
कितनी है बीमार देख।

देख।
देख की अब सुबह नहीं
बस धुंधली शाम है।
देख की हमने जो किया उसका
क्या भयावह अंजाम है।
पानी को तरसते खेत
शहरों को होता जलमग्न देख।
बेमौसम बरसात
बिन हरियाली होता बसंत देख।
आरंभ का तो पता नहीं
पर अनिवार्य है जो, वो अंत देख।
आरंभ का तो पता नहीं
पर अनिवार्य है जो, वो अंत देख।

5. सन्नाटा

यह कविता मैंने 2014में पेशावर, पाकिस्तान के एक आर्मी स्कूल पर हुए आतंकवादी हमले के बाद लिखी थी। जब मैंने सुना कि उस स्कूल के 9वीं कक्षा के एक पूरे सेक्शन के बच्चे मारे गए, तो मेरा दिल गहरे दुख से भर गया। मैं सोचते-सोचते सो नहीं पाई। उन मासूम बच्चों के माता-पिता के दर्द को महसूस करते हुए, यह अहसास हुआ कि "जो जनाज़ा जितना छोटा होता है, वह उतना भारी होता है।"

उस रात मेरी आत्मा इतनी परेशान थी कि मुझे नींद नहीं आ रही थी और अंततः उतनी ठंड में भी अपनी रज़ाई से निकलकर सोने से पहले मुझे यह कविता लिखनी ही पड़ी। यह कविता उन बच्चों और उनके परिवारों के प्रति मेरी संवेदना का एक रूप है, और आतंकवाद की क्रूरता पर एक सवाल।

इस कड़ाके की सर्दी में
आज धूप खिली है।
फिर भी इस शहर की
हर गली में सन्नाटा है।
सहमे से दुबके पड़े हैं
हम अपने घरों में।
क्योंकि हमारा जीवन, जीवन नहीं
किसी और की उंगली पर नाच रहा
महज़ एक तमाशा है।
सच, हमारे मन में भय है।
पर क्या नहीं है आक्रोश भी?

थोड़ी सी निंदा, बस?
आखिर क्यों है यहाँ
इतने खामोश सभी?
हम कमज़ोर हैं, बेबस हैं।
पर आखिर कब तक?
हमारी ये खामोशी
अब हमारे चेहरों पर एक कड़ा तमाचा है।
और हमारी बेबसी वजह है
की आज इन गलियों में इतना सन्नाटा है।

6. तमन्नाएँ

इस कविता को मैंने उस दिन लिखा, जब मैं खुद को खोया हुआ और निराश महसूस कर रही थी। एक बड़ा सपना टूटने के बाद उम्मीद का दामन छूटता हुआ सा लगा। फिर भी, दिल के किसी कोने में नई इच्छाएँ जन्म ले रही थीं, और मैं खुद से सवाल कर रही थी– क्यों एक सपना टूटने के बाद भी हम नई इच्छाओं का पीछा करने लगते हैं? यह कविता उस दिन मेरे अंदर के हो रहे संघर्ष और आत्मविश्लेषण को दर्शाता है।

❧❧❧

बार बार मरना,
दुबकना मन के एक कोने में।
फिर धीरे से झाँकना
और नींद के हर करवट के साथ
वापस जिंदा होना।
क्यों तमन्नाओं की है यही फ़ितरत?
याद है वो भीगे तकिये में सोना
और कोसना हर बार अपनी किस्मत।
नहीं देखेंगे मुड़ कर फिर कभी
चाहे जितनी भी हो हसरत।
क्या नहीं जानते हम
की किसी भी भूल से बड़ी भूल है
उस भूल की पुनरावृति।
हृदय भी नहीं देता
उन्हे फिर से करने की स्वीकृति।
फिर भी ना जाने क्यों

कदम लड़खाते हैं।
इतने नासमझ तो नहीं हैं हम
फिर क्यों बार-बार
वही गलतियाँ दोहराते हैं?

7. एहसास

यह कविता मैंने अपनी माँ को मई में मदर्स डे पर एक आखिरी उपहार के रूप में लिखी थी, जिन्हें मैंने उसी साल दिसम्बर के महीने में खो दिया। यह कविता मेरे और मेरी माँ के बीच के गहरे रिश्ते और उनके बिना शर्त प्यार को व्यक्त करती है। उनका स्नेह, उनका समर्थन और उनका अनमोल अस्तित्व हमेशा मेरी यादों में जिंदा रहेगा।

यह कविता मेरी माँ के लिए एक श्रद्धांजलि है, जो न केवल मेरे जीवन का हिस्सा थीं, बल्कि मेरी प्रेरणा और ताकत का स्रोत भी थीं। वह अब शारीरिक रूप से हमारे बीच नहीं हैं, लेकिन यह कविता उन्हें हमेशा मेरी यादों में जिंदा रखेगी। उनके प्यार का एहसास और उनका आशीर्वाद मेरे साथ हमेशा रहेगा, और यह कविता उनका जीवित प्रमाण बनकर मेरे दिल में सदा रहेगा।

❧❧❧

बचपन के हर निरर्थक शब्द को
एक अर्थ दिया है तुमने।
मेरी सारी हरकतों को
एक मतलब दिया है तुमने।
मेरी खिलखिलाहट पर
यूँ ही हसी हो तुम।
तो कभी बेवजह
मेरे साथ रोई हो तुम।
अपने जीवन का पहला कदम
तुम्हारे साथ चली हूँ मैं।
तुम्हारी उंगली पकड़

तुम्हारे सहारे से आगे बढ़ी हूँ मैं।
कोई समझे ना समझे
हमेशा समझती हो तुम मुझे।
एक अजीब सा लगाव
बड़ा अनोखा सा जुड़ाव है मेरा तुमसे।
ज़िंदगी की धूप में
तुम्हारे आँचल की छाँव पाई है मैंने।
तुम्हारे गोद में सिर रख कर
असीम खुशियां पाई हैं मैंने।
तुमने मुझे मंज़िल दिखाई
मुश्किल रास्तों पर चलना सिखाया।
तुमने मुझे सपने दिखाए
तुमने मुझे जीना सिखाया।
तुम सिर्फ माँ नहीं
एक गुरु, एक दोस्त हो तुम।
हमेशा जो है पास मेरे
एक ऐसा साथ हो तुम।
माँ, बहुत अनमोल
बहुत खास हो तुम।
हमेशा खुशी देने वाली अनुभूति
एक ऐसा एहसास हो तुम।

8. सारांश

यह कविता मैंने अपनी माँ के लिए लिखी कविता के अगले ही दिन अपने पिता के लिए लिखी थी। मेरे लिए पिता केवल एक आदर्श नहीं, बल्कि मेरे जीवन के सच्चे नायक हैं। उनका प्यार, समर्थन और उन अनगिनत बलिदानों का अहसास मुझे हमेशा महसूस होता है। मैं उन सब चीजों को शब्दों में नहीं समेट सकती, जो उन्होंने मेरे लिए किए हैं, लेकिन यह कविता उनके उन क़ीमती बलिदानों और उनके बिना शर्त प्यार का सम्मान है।

यह कविता मेरे पिता के लिए एक श्रद्धांजलि है, जो हमेशा मेरी ताकत, मार्गदर्शन और प्रेरणा बने रहे। उनके संघर्ष और उनके दिए गए प्रेम ने मुझे हर मुश्किल में खड़ा किया है। यह कविता उनके प्रति मेरे सम्मान और कृतज्ञता का प्रतीक है।

❧❧❧

जग ज़ाहिर है माँ की ममता
पर पिता का प्यार भी कम नहीं।
अतुलनीय हैं आप मेरे लिए
बयां करने को जिन्हें मुझे मिल रहे शब्द नहीं।
बोझ नहीं लगा
कभी अपना कर्तव्य आपको।
फर्ज़ समझ कर आपने
सारी ज़िम्मेदारी निभाई।
इतनी तटस्थता,
इतना साहस देखा है आपमें
की कठिन परिस्थिति भी
आपको झुका ना पाई।

"ना" शब्द आपके शब्दकोश में है नहीं।
उसूल और सिद्धांतों के कठिन रास्तों पर
चलते देखा है आपको।
मेहनत और लगन पर्याय हैं आपके।
अपनी हर लड़ाई में
अंत तक जूझते देखा है आपको।
कहानियाँ सुनती थी बचपन में आपसे
सफल महापुरुषों के सफलताओं की।
पर देखा है मैंने आपको ही एक आदर्श की तरह।
आप ही हैं मेरे लिए एक जीवंत उदाहरण भी।
मैं भी चाहती हूँ
सारे जहाँ की खुशियाँ दूँ आपको।
आपका सहारा नहीं
हिम्मत बनूँ मैं आपकी।
पर पता नहीं आपके उम्मीदों पर
खरी उतर पाऊँगी या नहीं।
जो कुछ देना चाहती हूँ आपको
वो दे पाऊँगी या नहीं।
पता नहीं क्यूँ डर जाती हूँ मैं अक्सर
जब आप मुझमें अपना विश्वास ढूँढ़ते हैं।
देखते हैं मुझमें अपने सारे सपने
और मुझमें अपने जीवन का "सारांश" ढूँढ़ते हैं।

9. अनोखी

मैंने पहली बार दबाव में आकार कोई कविता लिखी थी। जब मैंने माँ और पिता के लिए कविताएँ लिखी, तो मेरी छोटी बहन भी चाहती थी कि मैं उसके लिए एक कविता लिखूं। मेरा पूरा परिवार मुझ पर दबाव बना रहा था, और अंततः मुझे 5-6 पंक्तियाँ लिखनी पड़ीं। लेकिन जब उसने मेरी डायरी में देखा कि माँ और पिता के लिए मैंने लंबी कविताएँ लिखी हैं, तो उसने मुझसे एक लंबी कविता की मांग की, जो इन दोनों से भी बड़ी हो। और मुझे अंततः दबाव में आकर उसके लिए ये लंबी कविता लिखनी पड़ी।

यह कविता मेरी बहन का वर्णन करती है और यह दिखाती है कि अगर वह हमारे जीवन में नहीं होती, तो हमारी ज़िन्दगी अधूरी रहती। उसका प्यार, हंसी और मासूमियत हमारे परिवार का अभिन्न हिस्सा हैं, और इस कविता के माध्यम से मैंने उसे यह बताया कि उसकी अहमियत हमारे जीवन में कितनी गहरी है। वह हमारे लिए एक अनमोल रत्न की तरह है, जो हमें हमेशा पूरा करती है।

❧❧❧

तुम्हारी व्याख्या में
"मासूमियत" शब्द सटीक लगता है।
तुम्हारा जीवन, ईश्वर का हमें दिया हुआ
सबसे अनमोल तोहफा प्रतीत होता है।
पूरे परिवार को
एक सूत्र में पिरोने वाली कड़ी हो तुम।
स्नेह और भावनाओं से पूर्ण
प्रेम की लड़ी हो तुम।
सौम्य मासूम चेहरे के पीछे

छिपा "शैतान"।
घर ही नहीं घर के बाहर भी है
तुम्हारा आतंक विद्यमान।
पर तुम्हारी शैतानियों में भी
पवित्रता की झलक दिखाई देती है।
सच, तुम्हारी बातों में
कितनी निश्छलता दिखाई देती है।
सृजनात्मकता होती है
तुम्हारे हर कार्य में।
शब्द पंगु हो रहे हैं की क्या लिखूँ
तुम्हारी कला के शौर्य में।
खुले आसमान की तरह
सीमा रहित कल्पना है।
पृथ्वी के समान
अडिग तटस्थ हौसला है।
हर कोई आकर्षित हो जाए
कुछ ऐसा खिंचाव है।
फिर भी संतोष का लगता
थोड़ा अभाव है।
व्यस्तता ऐसी की
किसी के लिए भी होता है वक़्त नहीं।
मासूमियत ऐसी की
किसी और के वक़्त का कोई महत्व नहीं।
कभी छोटी तो
कभी बड़ी बनने की तुम्हारी उधेड़बुन।
नीत नई ढूंढ ढूँढ कर ली गई
छोटी प्यारी चिंताओं की तुम्हारी उलझन।
दिल और दिमाग को
चकराने वाली पसंद तुम्हारी।

हैरत में डाल देने वाली
अजीबोग़रीब बातें तुम्हारी।
बहती हवा की तरह
मनमौजी चाल है।
तुम्हारी बातें मेरे लिए
अनसुलझे सवाल हैं।
कब अचानक क्या करोगी
है हो पाया कभी मुझे इसका ज्ञान नहीं।
एक क्षितिज की तरह हो तुम मेरे लिए
जिसे समझना आसान नहीं।
वाक्पटुता की तो
मिसाल हो तुम।
सच, बहुत अनमोल,
बहुत खास हो तुम।

10. सुकून

यह कविता मैंने अपनी पुस्तक के अंत में रखी है क्योंकि यह मेरे दिल के सबसे करीब और अब तक की मेरी पसंदीदा कविता है। यह मुझे संतोष का एहसास कराती है कि तमाम चुनौतियों और कठिनाइयों के बावजूद मैंने अपने भीतर की इंसानियत को जीवित रखा। यह कविता मेरे संघर्ष, आत्मविश्लेषण की एक झलक है और मानवता के प्रति मेरे अटूट विश्वास का प्रतीक है।

❦❦❦

छूट गया है बहुत पीछे सब कुछ
पर ज़ेहन में अभी भी कई सवाल बाकी हैं।
पीछा करती हैं अब तक कुछ बातें
ढूँढ़ने को अभी भी कई जवाब बाकी हैं।
पहचान तो खैर हुई है बहुतों की
पर कई चेहरों के आगे अभी भी नक़ाब बाकी हैं
डर लगता है कभी कभी सोच कर ये
की ज़िंदगी में आने को अभी भी कई तूफ़ान बाकी हैं।
एक तसल्ली देकर जीते हैं जीवन ये
की पतझड़ के बाद आने वाली अभी भी वो बहार बाकी हैं।
पथरा सी गई हैं आँखें रस्ता तकते- तकते
पर उन आँखों में अभी भी इंतज़ार बाकी हैं।
बेच दिया सबने अपना ज़मीर तो क्या
बचा कर रखा था हमने जो अभी भी वो ईमान बाकी है।
बहुत सुकून मिलता है दिल को इस एहसास से
की सब कुछ खत्म होने पर भी
अंदर अभी भी एक इंसान बाकी है।

परिचय

माधवी चौधरी पटना, बिहार की रहने वाली हैं, जहाँ की सांस्कृतिक धरोहर और जीवन के सरल लेकिन गहरे पहलुओं ने इन्हें हमेशा प्रेरित किया है। शिक्षा के क्षेत्र में, इन्होंने भारतीय प्रबंधन संस्थान (IIM) काशीपुर से मानव संसाधन (HR & Marketing) में MBA किया है। इसके अलावा, इन्होंने लंदन स्कूल ऑफ इकोनॉमिक्स (LSE) से पब्लिक पॉलिसी एनालिसिस में डिप्लोमा भी पूरा किया है, जो इनकी बौद्धिक यात्रा और समाज के लिए कुछ सार्थक करने की इनकी इच्छा को दर्शाता है।

अपने पेशेवर करियर में, इन्होंने एक HR सलाहकार और बिज़नेस डेवलपमेंट मैनेजर के रूप में काम किया। इस दौरान, इन्होंने लगभग पूरे भारत की यात्रा की, जो न केवल इनके पेशेवर दृष्टिकोण को बल्कि इनके लेखन को भी गहराई और विविधता प्रदान करती है। इन यात्राओं ने इन्हें समाज, जीवन और मानवीय भावनाओं को करीब से समझने का अवसर दिया।

हालाँकि इनका पेशेवर जीवन एक संरचित और व्यावसायिक ढांचे में रहा है, लेकिन इनकी आत्मा की सच्ची अभिव्यक्ति कविता के माध्यम से हुई है। इनके लिए कविता सिर्फ शब्दों का खेल नहीं है, बल्कि जीवन के अनुभवों को आत्मसात करने और उन्हें साझा करने का एक जरिया है। इनकी कविताएँ उन गहरी भावनाओं और सवालों को उजागर करती हैं, जिनसे हम सभी किसी न किसी स्तर पर जुड़ाव महसूस करते हैं।

इनकी कविताएँ सच्चाई और प्रमाणिकता से भरी हैं। ये कविताएँ जीवन के टूटे हुए सपनों, संघर्ष, इच्छाओं और आत्म-खोज की कहानियाँ हैं। इनकी रचनाएँ पाठकों को उनके अपने अस्तित्व को नए नजरिए से देखने और अपने भीतर झाँकने की प्रेरणा देती हैं।

इन्हें विश्वास है कि "अस्तित्व का आईना" पाठकों को छू पाएगी और यह साबित करेगी कि कविता सिर्फ एक कला नहीं, बल्कि जीवन को समझने और उसका जश्न मनाने का एक तरीका है।